광주

2020

광 주

— 5 · 18

김재석 시집

사이재

시인의 말

5·18이란
무거운 주제를 가볍게 다루었다

감히
5·18에 대하여 쓸 생각을 하다니

내가
너무 뻔뻔하다

무모한 짓을 한 게
분명하다

광주에게 진 빚을 갚으려면
당당 멀었다

욕먹을 일만
남았다

        2020년 봄
        일속산방一粟山房에서
        작시치作詩痴 김 재 석

차례

광주

시인의 말

1부

광주 13
광주 1 14
광주 2 16
광주 3 17
광주 4 18
광주 5 20
광주 6 22
광주 7 23
광주 8 24
광주 9 25
광주 10 26
광주 11 27
광주 12 28

2부

인문대 담장 뒤 하숙집 31

인문대 담장 뒤 하숙집 1 32
인문대 담장 뒤 하숙집 2 34
인문대 담장 뒤 하숙집 3 37
인문대 담장 뒤 하숙집 4 40
인문대 담장 뒤 하숙집 5 42
인문대 담장 뒤 하숙집 6 44
인문대 담장 뒤 하숙집 7 46
인문대 담장 뒤 하숙집 8 48
인문대 담장 뒤 하숙집 9 50
인문대 담장 뒤 하숙집 10 52
인문대 담장 뒤 하숙집 11 54
인문대 담장 뒤 하숙집 12 56
인문대 담장 뒤 하숙집 13 57
인문대 담장 뒤 하숙집 14 59
인문대 담장 뒤 하숙집 15 60

3부

금남로는 저명인사들이 수두룩하다 65
충장파출소가 이따금 헛소리를 한다 67
전남도청에게 사죄하다 68
상무관이 궂은일을 도맡아하다 70
MBC 광주방송이 새로 태어나다 72
도청 앞 분수대와 눈빛을 주고받다 74
광주 YMCA가 전남도청의 이웃사촌이다 76

전일빌딩은 헬기 사격 희생자다 78
YWCA는 광주 민주화운동 중 활약이 컸다 80
광주우체국은 눈을 빼버리고 싶었다 82
금남로 저명인사들은 우정이 돈독하다 84
구 전남도청이 조울증이 심하다 86
남동성당은 광주민주화운동 수습대책위원이었다 88
광주 MBC 방송국도 하고 싶은 말이 많다 90
광천동 버스터미널의 지나간 미래는 대인동 버스터미널이다 92
광주교도소가 수오지심이 없을 리가 없다 94
사직공원은 5월이 무거운 짐이다 96
505 보안부대는 죽일 놈이다 98
아시아자동차가 5·18 항쟁에 여러 몫을 하다 100
상무관은 궂은일을 도맡아하고 상무대는 악행을 도맡아하였다 102
광주택시들은 의식이 높다 104
KBS 광주방송국이 참회의 눈물을 흘리다 106
광주세무서는 생각이 많다 108
광주역이 '어안이 벙벙하다'와 함께한 적이 있다 110
전남도청이 청문회를 보고 분통을 터뜨리다 112
국립아시아문화전당은 전남도청의 다가올 과거이다 114
'임을 위한 행진곡'이 국립5.18민주묘지와 의기투합하다 116
전대병원, 적십자병원, 기독교병원이 광주 민주화운동

의 산증인이다 118
전대병원이 도청 독침사건이 자작극이라는 것을 밝혀
   내다 120
광주공항이 편의대를 목격하였다 122
광주국군통합병원 보일러실이 보안목표로 설정되었다
   124
구 광주국군통합병원이 고민이 깊다 126
편의대는 신군부의 앞잡이다 128
조대는 무등산의 화신化身이다 130
전대는 계엄군의 눈엣가시이다 132
뻐꾹새 울음소리가 재주가 좋다 134

4부

망월동에서 137
무명용사의 비 138
광주는 '죽음의 행진'을 주도한 수습위원들을 죽어도
   잊지 못한다 140
누가 전옥주, 차명숙, 박영순을 모르시나요 142
광주는 푸른 눈의 목격자들을 기억한다 144
광주가 전라남도 경찰국장 안병하의 명예를 되찾는 데
   앞장서야 한다 146
주먹밥이 광주 민주화운동에 큰 몫을 하다 148
녹두서점이 이름값을 하다 150
들불야학이 광주 민주화운동의 주역이다 152

김남주 154

마지막 수배자 윤한봉은 합수이다 156

'죽음을 넘어 시대의 어둠을 넘어'는 천군만마이다 158

스물두 살 박기순* 160

송선태 5·18진상규명조사위원장이 답이다 163

'오리발 참전기'가 궂은일을 도맡아하다 164

미군 정보요원 김용장과 보안부대 요원 허장환이 이실 직고하다 166

1부

광주
- 서시

세상의 빛이 돼라는 임무가 주어졌다

광량이
얼마나 될까

곧 죽어도
무등과 동고동락하는 걸 보면
무궁무진할 것이다

갈 길이 어려울 때
손 내밀지 않아도
무등이
뒤에서 꽉꽉 밀어준다

뒤가 아닌
앞에서 끌어줄 때도 있다

누가 봐도
책임이 막중하다

세상의 빛이 돼라는 임무가 주어졌다

광주 1

그날 이후
목련이 피기 시작하면
머리가 복잡하다

목련 지고
등꽃이 피기 시작하면
머리가 아프다

등꽃 지면
머리가 아픈 정도가 아니라
빠개질 정도다

기억하지 말아야 할 것들이
여기저기서
얼굴 내밀어서다

머리가 빠개질 정도가 아니라
빠개진 머리를
붙여 놨다

그날 물푸레나무 곤봉이

머리채를 삽고
머리를 가격한 뒤부터다

광주 2

한때
고집이 셌다

지금은
어떤지 모르겠다

한때
성질이 대쪽 같았다

지금은
어떤지 모르겠다

한때
모 아니면 도였다

지금은
어떤지 모르겠다

광주 3

뭔가를
자책하는 것 같다

무수한 사람들을 잃은 데 대하여
어떤 명분도
내세울 수 없어서다

희생을 최소화하여
목적을 이루어야 하는데
뜻대로 되지 않은 것이다

문제가
그렇게 커지리라 생각했다면
적극 말렸을 것이다

지금 내가
헛다리짚고 있다는 생각이 들
이유가 없다

뭔가를
자책하는 것 같다가 아니라
자책하고 있다

광주 4

왕년에
누구는 군에 안 갔다 왔나는 말이
빈 말이 아니다

노리쇠 후퇴,
발사

OP,
GOP

ATT,
RCT,
TEAM SPIRIT

해병대,
공수부대,
방첩대

맹호,
백마,
쌍호

역전의 용사들을 무시하다간
큰코다치는데
그 정도로 끝난 건
나중 형편이 더 나빠지지 않기 위해서다

왕년에
누구는 군에 안 갔다 왔냐는 말이
빈 말이 아니다,
진짜

광주 5

아무리 생각해 봐도 이해가 안 간다

그 많은 군인들이
이게 아니다
이게 아니다 하고
대든 놈이 한 놈도 없었다는 게

세상에
앉은 자세로 발사를 하다니

그 많은 시민들이
민주주의를 위하여 살신성인하였는데
군인들은
오직 명령에 따르다니

4 · 3 때는
여순 때는
부당한 명령을 따르지 않았는데

이게 아니다
이게 아니다 하고

대드는 군인이 한 명만 있었어도
무수한 목숨들을 살릴 수 있었는데

아쉬운 게
한두 가지가 아닌 정도가 아니라
슬프다

아무리 생각해 봐도 이해가 안 갈 때가
많다

광주 6

무등과 눈빛을 주고받느라
정신없다

무등과 눈빛을 주고받는 재미로
산다고 하면
오독일까

오독이
아닐 것이다

무등과 눈빛을 주고받다 보니
무등을 닮게 됐다

닮아도
많이 닮았다

외모를 두고 하는
말이 아니고
생각을 두고 하는 말이다

무등과 눈빛을 주고받는다,
이따금

광주 7

무등산 뻐꾹새 울음소리에
귀를 곤두세운다

그해 오월
무등산 뻐꾹새가 뭐라고 울음을 토했는지
기억하고 있다

- 계엄해제
  계엄해제

계엄 중이 아닌 지금은
무등산 뻐꾹새가 뭐라고 울음을 터트리나

- 진상규명
진상규명

광주 8

삭신이 쑤신다

고문 후유증에
총상까지 입은
몸이 말이 아니다

기상대인
몸이
종합병원을 겸했다

내일은
틀림없이 비가 올 것이다

삭신이 쑤셔
죽을 지경이어도
끙끙 앓는 소리를 내지 않는다

무등 앞에서
징징거리는 걸 본 적이 없다

내공이 세다

광주 9

가장 자랑스러워한다,
전남도청을

어떤 찬사도
부족하단다

가장 부끄러워한다,
505 보안부대를

어떠한 비난도
감수해야 한단다

광주 10

삶이 부조리하다는 것을 알고도
지나친 것을
몸으로 배웠다

하부구조가
상부구조를 결정한다는 말을
하부구조의 손바닥에
상부구조가 놀고 있다고 나름대로
해석하였다

칼레파 타 칼라,
보수주의자의 말도 때로
유용하다는 생각을 했다

이판사판은
가까이 해서는 안 될 놈이란 걸
확실히 깨달았다

삶이 부조리하다는 것을
재확인하였다

광주 11

그런대로
떳떳하다와 거리가 가까워도
떳떳한 티를 내지 않는다

결벽증,
결벽증
그 놈의 결벽증 때문이다

누구든
한두 차례
떳떳하지 않은 일이 없을 수 없는데

떳떳하지 않은 일이
무슨 일인지
무등은 알고 있을까

그런대로
당당하다와 거리가 가까워도
당당한 티를 내지 않는다

광주 12

어른이 다 됐다

기사회생起死回生이라는 것이
어떤 것인가를
몸으로 체험하였다

손끝 하나 다치지 않고
생각만으로 깨우쳐야 할 것을
몸으로 체험하였다

생각만으로 깨우쳐야 할 것을
몸으로 체험한 뒤
어른이 되었다

어른이 된다는 것이
쉬운 일이 아니라는 것을
입증하였다

어른이 다 됐다,
완벽한

: 2부

인문대 담장 뒤 하숙집
― 서시

역사의 산증인이 따로 없다

인문대 담장 뒤 하숙집들이
다 역사의 산증인이다

인문대 담장 뒤 창 들고 시위하던
탱자나무들이
다 역사의 산증인이다

탱자나무에 피신하여
포럼을 즐기던
참새들이
다 역사의 산증인이다

역사의 산증인인
하숙집들은
탱자나무들은
참새들은
다 어디로 갔나

역사의 산증인이 따로 있는 게
아니다

인문대 담장 뒤 하숙집 1

인문대 담장 뒤
강진댁 하숙집과
윤한봉이 동고동락하였다

윤한봉이 떠난 한참 뒤
강진댁 하숙집에 합류한 나에게
강진댁 하숙집이
윤한봉의 사람됨을 나에게 귀띔해 주었다

5·18 마지막 수배자 윤한봉이
재학 시절 민청학련사건으로
단식 투쟁할 때
물 한 모금 마시지 않았단다

꽁수를 부릴 수 있는 데도
윤한봉은
자신을 속이는 일 한 차례도 하지 않았단다

내 말이 거짓인가 참인가는
윤한봉이
5.18기념재단 낳는 데 큰 몫을 했으나

정작 본인의 피해 보상을 거부한 것을 보면
그냥 알 수 있다

인문대 담장 뒤
강진댁 하숙집과
윤한봉이 희로애락을 함께하였다

인문대 담장 뒤 하숙집 2

80년 5월 16일 오후
도청도 천변도
전두환이 물러가라 좋다 좋다
계엄령을 철폐하라 좋다 좋다라는
구호가 무성하였다

전두환이 물러가라 좋다 좋다
계엄령을 철폐하라 좋다 좋다라는
시위대의 무성한 구호 속에
월간 《대화》가 낳은
학생 시인 박몽구의 외침도 섞여 있었다

그날 밤
5·16 화형식을 위하여
부나비 떼처럼
사람들이 도청 앞 분수대에 모여들었다

- 우리가 민족민주화 햇불성회를 하는 것은
이 나라 민주주의의 꽃을 피우는 것이요,
꺼지지 않는 햇불과 같이 우리 민족의 열정을
온 누리에 밝히자는 뜻입니다*

새벽기관차인
전대학생회장 박관현의 쩌렁쩌렁한 목소리가
군중들을 들어올렸다, 내려놓았다 하였다

도청 앞 5·16 화형식이 끝난 뒤
택시에 몸을 실은 내가
전대 정문 앞에서 내려
본관 앞 신세를 질 때
후문 쪽에서 완전군장을 한 군용트럭이 와
정문 쪽으로 가는 것을 보았다

학생회관에서
심야농성을 하던 학생회 섭외부장 이청조에게
완전군장을 한 군용트럭 이야기를 하니
급히 뛰어나갔다

학생회관이 나를 잠시 붙든 동안
유신 때 민주교육선언으로
해직되었다가 복직한
송기숙, 김정수 몇 분 교수님들을 볼 수 있었다

잠시 뒤 피곤에 지친 나는
학생회관을 뒤로 하고
인문대 뒤 담장 구멍의 도움을 받아
하숙집으로 향하였다

* 도청 앞 박관현의 연설문 중에서

인문대 담장 뒤 하숙집 3

1980년 5월 18일 새벽
전대학생회장 박관현과
섭외부장 이청조가
인문대 담장 뒤 강진댁 하숙집으로
어둠과 함께 스며들었다

별명이 새벽기관차인
박관현은 법대생 조종림의 방에서
이청조는 내 방에서 숨을 죽여야 했다

아침 식사 때
조종림이 얼굴을 내밀지 않은 것은
박관현의 부탁을 받고
학생회관에 일 보러 갔다가
계엄군에 연행돼 본관에 갇혀서다

학교도서관에 갔다가
텅 빈 도서관에서 뒤돌아선 내가
학생회관 근처를 뒤지고 다니는
공수부대원의 손가락 앞으로 대령하였다

본부 현관에 끌려온 내 앞에서
학생처장 김태진 교수와
공수 장교가
철야 농성하다가 붙들려온 학생들에 대하여
이야기를 주고받았다

나를 본 공수부대 장교가
무슨 일이냐 다그치기에
뒷동네 사는데
도서관에 공부하러 왔다가
공수부대원 손가락 앞으로 대령하였다며
주민등록증을 내밀었더니
가라 하여
뒤도 안 돌아보고 돌아왔다

학교에서 있었던 나의 이야기를 들은
전대학생회장 박관현과
섭외부장 이청조가
잠시 뒤 바람마저 따돌리고
강진댁 하숙집에서 사라졌다

조종립은
그날 돌아오지 않았다

인문대 담장 뒤 하숙집 4

80년 5월 18일 오후
강진댁 하숙집과 탱자울로 어깨동무한
영희네 하숙집에 둥지 튼
회계사 준비하던 재규형
금남로에 바람 쐬러 나갔다가
어장이 나 돌아왔다

충장로에서
금남로에서
머뭇거리던
기웃거리던
젊은이들은 말할 것도 없고
어른 아이 안 가리고 다 어장이 났다는
소식 빠뜨리지 않았다

전대 교정에 계엄군이 군림하고 있어
인문대 담장 뒤 하숙집에 죽칠 수밖에 없는 하숙생들이
밖에 나갈 엄두를 내지 못한 사이
전대 정문 앞 오전 시위대가
어느 새 금남로까지 진출한 것을 나중에 알았다

그날 금남로에 진출한 시위대의
기선을 제압하려고
계엄군들이 초전에 시위대를 박살 낼 각오로
방망이를 날린 것이다

금남로에
충장로에
바람 쐬러 나갔다가
계엄군에게 어장이 난
재규형
훗날 회계사 시험에 차석으로 합격하였다

인문대 담장 뒤 하숙집 5

5월 18일 훨씬 이전부터
하숙집 동료인
정외과생 범생이 범출이와 나는 늘상
단파 방송을 듣는 것이 일이었다

NHK 한국말 방송이
신군부는 물론
누가 실세이며
누가 대통령 자리를 노리는 것까지
다 까발렸다

구체적으로
최규하는 허수아비고
전두환이
대통령 자리를 노리고 있다는 사실을
NHK 한국말 방송이 까발린 것이다

시위대가 작살이 난
5월 18일 다음 날도
범생이인 범출이와 나는
NHK 한국말 방송을 듣는 재미에 빠져 있었다

모든 것이
손에 잡히지 않았으며
공부가 머릿속에 들어올 리가 없었다

전국이
몸살을 앓고 있었다

인문대 담장 뒤 하숙집 6
  - 5월 20일

입에 담지 못할
무시무시한 말들이
인문대 담장 뒤 하숙집들을 강타하는 바람에
소름이 끼쳤다

계엄군들의 방망이가
시민들을 가만두지 않고
심지어 총검이
여성들의 유방까지 가만두지 않았다 하였다

심지어 상대 담장 뒤 하숙집들까지
계엄군들이 다그쳤다는 말이 돌아
상대 담장 뒤 하숙집들과
어깨동무하고 있는
인문대 담장 뒤 하숙집들은 안절부절못하였다

상대 담장 뒤 하숙집들까지
계엄군들이 다그쳤다는 말이
유언비어인지, 사실인지
나중에 확인해 봤어야 했는데
삶에 치여 정신없이 지내느라

확인하지 못했다

계엄군들이
바로 눈앞에 왔다는 말인데
두려움에 휩싸이지 않았다 하면
거짓말이다

그래도 그날까지는
시민을 향하여 발포했다는 이야기는
떠돌지 않았다

입에 담지 못할
무시무시한 말들이
인문대 담장 뒤 하숙집들을 엄습하는 바람에
잠을 이루지 못했다

인문대 담장 뒤 하숙집 7
  - 5월 21일

밤새 '엎치락뒤치락'과 가까이 지냈다

공포가
인문대 담장 뒤 하숙집을 붙들고
놓아주지 않았다

아침 식사를 마치고
머지않아
계엄군들이 들이닥칠 경우를 대비하여
범생이 범출이와 함께 머리를 손질하였다

서툰 가위질에
잘려나가는
머리카락이 투덜거렸다

머리를 감고
하숙집 본채 벽에 걸린 거울 속을 들여다보며
머리를 만지고 있는데
거울 속에 계엄군 한 명이 얼굴 내밀었다

강진댁 하숙집은 숨죽이고

거울 앞에 서 있다가
돌아선 내가 계엄군을 맞이하며
무슨 일이냐며
내 친구 전길래와 오병연이
공수부대원인데 아느냐고 물었다

겁먹은
하숙집에 들이닥친 계엄군은
내 친구들에 대하여는 언급을 피하며
빈 병을 요구하였다

잠시 뒤 일을 마친 계엄군은
돌아가고
숨죽이고 있던 강진댁 하숙집이
안도의 숨을 쉬었다

종림이는
아예 돌아올 생각을 하지 않았다

* 금남로에서 계엄군이 시위대를 향하여 총을 발사하였다는 것을 나중에 알았다.

인문대 담장 뒤 하숙집 8
  - 5월 22일

박충훈 국무총리가
사태수습을 위하여
시민들을 만나러
도청에 온다는 이야기가
인문대 담장 뒤 하숙집의 호기심을 유발하였다

호기심이 고양이를 죽인다는
말을 뒤로 하고
영희네 하숙집 조카들과
전대 정문 앞으로 나가니
무장한 채 돌아다니던
시민군의 차가 우리를 도청까지 데려다 주었다

수류탄을 찬 시민군이
군에도 안 갔다 왔다는 걸 알았을 때
도청 앞까지 가는 길이
편치 않았다

상무관을 지나칠 리가 없는
우리들이
상무관에 들렀을 때는

상무관이 궂은일을 도맡아하고 있었다

사태수습을 위하여
시민들을 만나러 온다던
박충훈 국무총리는 그날 도청에 나타나지 않았다

돌아올 때
도청에서
산수동을 거쳐 가는 길에
계림 파출소 근처에서 허겁지겁 걸어가는
국문과 모교수를 보았다

인문대 담장 뒤 하숙집 9
　-5월 23일

계엄군들이
인문대 담장 뒤
하숙집들을 다그칠 것이라는 소문에
어딘가에 은신할 생각을 하였다

전대 교정에서
떡 파는 떡장수 아줌마의 좁은 다락방에
범출이와
내가 몸을 맡겼다

한나절이 지난 뒤
다락 맛을 잔뜩 보고 돌아온 우리에게
계엄군이 코빼기도 비치지 않았다고
강진댁 하숙집이 귀띔해 주었다

강진댁 하숙집을 빠져 나와
뒷산으로 해서
농로의 도움을 받아
나 때문에 발을 동동 구르고 계실
고향집에 갈까 생각도 했지만
실행하지 않았다

분수없이
고향 길을 재촉했더라면
광주시 외곽을 장악하고 있는
계엄군에게 붙들리거나
계엄군의 총에 맞아 개죽음을 당했을 것이다

인문대 담장 뒤 하숙집들과
상대 담장 뒤 하숙집들은
바로 이웃인데
정확한 정보를 접할 수 없었던 것은
공포에 가위눌려 있었다는 것이다

그때쯤
전대 정문 근처 어딘가에서
임신한 여인이
총에 맞아 죽었다는 소문이 들려왔다

인문대 담장 뒤 하숙집 10
- 5월 24일

광주는 고립무원 외딴 섬이었다

이틀 전
계엄군의 발포에 분노한 시민들이
관공서 무기고를 습격하여
무장을 하였다

시민군이 태어났는 데도
외딴 섬 중의 외딴 섬인
인문대 담장 뒤 하숙집에서
불편한 시간을 보내고 있는 하숙생들은
시민군과 무관한 시간을 죽이고 있었다

발을 동동 구르고 있을 고향집 생각에
색을 등에 짊어진 채
강진댁 하숙집이 붙드는 것을 물리치고 가는
백운동 길은
남행하는 사람들로 가득 찼다

군인들이 외곽으로 나가는 것을
저지하는 바람에

다시 돌아오니
강진댁 하숙집이
자신이 붙들 때 뿌리친 것을 문제 삼지 않았다

뒷날 알게 되었지만
고향집도
몇 번이고
나를 찾아 나설 생각을 했다가 접었다

이틀 전
무장한 시민군들과
계엄군간의 전투가 있었다는 것도
뒷날 알았다

인문대 담장 뒤 하숙집 11
- 5월 25일

무능한 시간들을 죽이고 있었다

손에 잡히는 게 하나도 없었다

무수한 사람들이 죽었는데
손에 잡히는 게 없어야지
손에 잡히는 게 있어야 쓰겠는가

설령
손에 잡히는 게 있다 하여도
그걸 하면
또 무슨 소용이 있겠는가

겁에 질려
내가 밖에 나가 무얼 해야겠다는 생각이
한 가지도 떠오르지 않았다

그날
나는
이미 읽은 책
『생쥐와 인간』이란 책을 다시 치켜들었다

우리 모두는
신군부가 가지고 노는 장난감에 불과했다

인문대 담장 뒤 하숙집 12
  - 5월 26일

시민군들은
어디에서 잠을 자며
무얼로 끼니를 때우는지

정규군과
승산이 없는 전투를 벌이는
시민군들의 앞날을 생각하면
어지럽다

계엄군의 만행에 대한 분노가
총기를 들게 하였지
승산이 있어
총을 든 건 아니다

동기는 순수하여도
결과는
죽음에 이르는 길이기에
마음이 놓이지 않는다

시민군들은
어디에서 잠을 자며
무얼로 끼니를 때우는지

인문대 담장 뒤 하숙집 13
- 5월 27일

내가 피곤에 지쳐
생각 없이 쿨쿨 자는 동안에
도청을 사수하던 시민군들은
총을 맞아 죽었다

독 안에 든 쥐나
다름없는 시민군을
끝까지 설득하여 투항케 할 일이지

계엄군이
시민군의 자존심을 세워주면
시민군도
계엄군의 자존심을 세워줄 텐데

투항하게 하여
서로 부둥켜안고 울어도
부족할 판에
완승할 생각을 하다니

끝까지
적이 아닌 시민군을

적으로 몰아 피를 보다니

내가 피곤에 지쳐
생각 없이 쿨쿨 자는 동안에
도청을 사수하던 시민군들은
총을 맞아 죽었다

인문대 담장 뒤 하숙집 14

그게 '화려한 휴가'였다니

시민들을
방망이로 두드려 패고
총검으로 찌르고
총으로 난사한 게
'화려한 휴가'였다니

모든 게 끝났다고 생각하기에
그런 말을 털어 놓는 거다

모든 게 끝났다고 생각한
그 순간에
모든 게 다시 시작한다

두고 봐라,
총으로 일어난 자
결국 망하리라

'화려한 휴가'란 말이
다시는 입에서 나오지 않을 게다

인문대 담장 뒤 하숙집 15

인문대 뒷동네가 날 살렸다

전대 정문 앞 동네나
전대 후문 앞 동네는
나를 붙들어 놓지 못했을 것이다

전대 운동장에 주둔하고 있는 공수부대와
인문대 뒷동네는
직선거리로 500미터도 안 되는데
살아남은 걸 보면
그때 그 시절엔 등잔 위가 어두웠던 것이다

전대가 등잔이라면
전대 정문 앞 동네나
전대 후문 앞 동네는
등잔 밑이고
인문대 뒷동네는
등잔 위이다

등잔 밑인,
금남로로 진출하기 용이한

전대 정문 앞 동네나
전대 후문 앞 동네에 둥지 틀었더라면
앞뒤 안 가리고
시위대에 합류하였을 것이다

등잔 위인
인문대 뒷동네가 날 살렸다

* 박충훈 국무총리가 온다고 하여 도청 앞으로 나간 날, 떡장수 아줌마 다락에 숨은 날 그리고 고향집에 가겠다고 백운동으로 나간 날의 날짜에 대한 기억이 확실치 않다. 사십년이란 세월이 지난 뒤라 정확한 날짜를 기억해 낼 수가 없다. 하지만 그런 일이 있었던 것은 허구 아닌 사실이다.

* 영희네 하숙집도 강진댁 하숙집도 다 사라지고 지금은 아파트촌이 들어섰다. 강진댁 하숙집은 5·18 마지막 수배자인 윤한봉과 한때 동고동락하였다. 전대학생회장 박관현과 섭외부장 이청조가 철야 농성하다가 5월 18일 새벽에 피신한 곳이 강진댁 하숙집이다. 그뒤 박관현은 강진댁 하숙집을 나와 농대를 거쳐 윤상원의 집에 들른 뒤 어딘가로 피신하였다. 『죽음을 넘어 시대의 어둠을 넘어』에는 5월 18일 아침에 농대 쪽에서 그를 보았다는 기록이 있다. 윤상원의 집에 들른 것은 MBC에서 제작한 다큐멘터리에 나와 있다.

3부

금남로는 저명인사들이 수두룩하다

금남로는 저명인사들이 수두룩하다

저명인사들을
다 거명하기가 숨이 가쁠 정도이다

저명인사들 중에
총상을 입지 않은
저명인사는 한 분도 없다

전남도청,
전남도청 앞 분수대,
상무관,
광주 YMCA,
광주 YWCA,
전일빌딩,
관광호텔

고민이다,
5 · 18 민주화운동 중에
책임과 의무를 다하지 못하여
불에 타 다시 태어난

MBC를
저명인사에 넣어야 하나,
저명인사에 넣지 말아야 하나

금남로는 저명인사들이 수두룩하다,
그야말로

* 광주 YWCA는 다른 곳으로 이사를 갔다.

충장파출소가 이따금 헛소리를 한다

충장파출소가 이따금 헛소리를 한다

뭔 소리단가
뭔 소리단가

지 혼자만 아는
무슨 방언인 줄 알았더니

그게 아니다
그게 아니다

귀를 곤두세우고야
알아냈다

- 내가 홍애 좆인가
  내가 홍애 좆인가

충장파출소가 이따금 헛소리 아닌
헛소리를 한다

전남도청에게 사죄하다
 - 계엄군이 쳐들어옵니다 시민 여러분, 우리를 도와주십시오

시민군과 동고동락한
전남도청에게 사죄하지 않고 배길 수 없다

전남도청이
시민군과 함께 광주를 사수하느라
계엄군의 총알받이가 된
1980년 5월 27일 새벽
잠에 떨어져 있었던 나를
나는 용서할 수가 없다

피투성이가 된 전남도청이
비명횡사하는 시민군들을 껴안고
울부짖을 때
쿨쿨 자고 있었던 나를
나는 도저히 용서할 수가 없다

사십 년이 지나도
상흔이 지워지지 않은 전남도청이
마주치는 이들에게
자신은 염려 말고
다들 일상으로 돌아가라고

눈빛으로 떠미는 것 봐

전남도청이
자신과 동고동락한 시민군들을 위하여
더불어 광주시민의 명예를 위하여
발포 명령자를 찾아내겠다고
동분서주하는 것을 보면
의리 하나는 배울 만하다

시민군과 동고동락한
전남도청에게 사죄하지 않고 배길 수 없다

* 이 시에서 '전남도청'은 현 '국립아시아문화전당'을 가리킨다.

상무관이 궂은일을 도맡아하다

상무관이 궂은일을 도맡아하였다,
5·18 민주화운동 중에

생전 해보지 않은 일을
도맡아하느라
상무관이 정신이 없었다

눈앞에 닥친 일이기에
정신없이
그 많은 주검들을
도맡을 수밖에 없었다고
상무관이 회고하지만
아무나
그 많은 주검들을 도맡을 수 있는 게 아니다

정신이
똑바로 박혀 있었기에
그 많은 주검들을 떠맡은 것이다

정신이
똑바로 박혀 있는 데다

마음이 너그러웠기에
가능한 일이다

5·18 민주화운동 중에
상무관이 궂은일을 도맡아하였다

MBC 광주방송이 새로 태어나다

MBC 광주방송이 새로 태어났다

5·18 민주화운동 중에
언론인으로서 책임을 다하지 않았다 하여
시민군에 의하여
작살이 난
MBC 광주방송이 새로 태어났다

영육이 함께 다시 태어난 지도
두 손이 감당하지 못할 정도의
세월이 지났지만
그때 그 시절의 일들을 잊지 않고
고스란히 기억하고 있다

참혹하다는 말로는
설명이 부족한 시절을 보낸
MBC 광주방송이
만에 하나 다시 그런 일이 일어난다면
죽음을 불사하고 책임을 다할 것이다

본의 아니게

책임을 다 하지 못하였다 하여도
책임을 면치 못한다는 것을
MBC 광주방송이 깨달은 것이다

더더욱
유언비어 날조의 달인인 편의대가
광주시민들을 부추겨
자신이 작살이 났다는 것을 알고는
광주시민에 대한 사랑이 배가 되었다

MBC 광주방송이 다시 태어났다,
마음을 다잡은

도청 앞 분수대와 눈빛을 주고받다

광주시민의 불복종을 다 지켜본
도청 앞 분수대와 눈빛을 주고받는다

도청 앞 분수대가
새벽기관차 박관현의
오월의 새벽별 윤상원의 모습을
하나도 놓치지 않고 있다

교도소에서 단식투쟁을 하다가 죽은
새벽기관차 박관현을
도청을 사수하다가 죽은
윤상원을 들먹이며
도청 앞 분수대의 눈시울이 붉어진다

아니다,
아니다
박관현을
윤상원을 들먹일 때
도청 앞 분수대의
눈시울이 붉어지는 정도가 아니라
낯짝이 눈물로 범벅이 된다

새벽기관차 박관현을
오월의 새벽별 윤상원을
생생하게 기억하고 있는 정도가 아니다

도청 앞 분수대는
새벽기관차 박관현의
오월의 새벽별 윤상원의 분신이다

광주시민의 불복종을 다 지켜본
도청 앞 분수대와 눈빛을 주고받는다

광주 YMCA가 전남도청의 이웃사촌이다

전남도청과 도청 앞 분수대는
한 식구이고
광주 YMCA는 전남도청의 이웃사촌이다

시민군과 생사고락을 함께한
도청과 가까이 지낸
광주 YMCA가
5·18 민주화운동 중
도청이 계엄군에게 당하는 것을
강 건너 불 보듯
뒷짐 지고 있었을 리가 없다

상무대 못지않게
광주 YMCA가
도청 뒷바라지하느라
정신을 못 차렸다

명노근,
백염홍,
윤영규,
이광우,

김천배,
이성학,
이영생이
다 광주 YMCA 출생이다

광주 YMCA가 닦달하지 않아도
다들 자발적으로
5 · 18 민주화운동에 뛰어들었기에
광주 YMCA는
그분들을 가상히 여겼다

전남도청과 도청 앞 분수대는
한 식구이고
광주 YMCA는 전남도청의 이웃사촌이다

전일빌딩은 헬기 사격 희생자다

세월이 흐를수록
상흔이 뚜렷이 나타나는
전일빌딩은 헬기 사격 희생자다

전일빌딩은 헬기 사격 희생자란 것을
역사 앞에 입증하기 위하여
그 상흔을
그대로 간직한 채 살아야 한다

헬기 사격한 적 없다고
오리발 내미는
신군부를 단죄하게 위해서
상흔을 훈장처럼 간직하여야 한다

불쾌한 추억을 잊는 게 상책이지만
잊을 수 없으면
뭔가 새로운 길을 모색해야 하지만
전일빌딩은
새로운 길을 모색할 필요 없이
불쾌한 추억을
그냥 그대로 간직하기만 하면 된다

세월이 가도
상흔이 지워지지 않은
전일빌딩은 헬기 사격 희생자다

YWCA는 광주 민주화운동 중 활약이 컸다

도청 못지않게
신군부의 표적이었던
YWCA는 광주 민주화운동 중 활약이 컸다

청년·학생 홍보본부가
전남대 스쿨버스로 가두방송을 하면서
항쟁지도부의 메시지를 시민들에게 전파하고
홍보차량에 투사회보를 싣고 다니며 뿌리도록
뒷바라지하였다

기독청년 아닌
가톨릭노동청년회로 하여금
자신의 품에서
헌혈, 모금, 대자보 작성, 검은 리본
제작 배포 등 다양한 활동을 할 수 있도록
허용해 주었다

청년·학생 시민군을 모집하고
총기사용법과 분해법,
전투 중에 필요한 기본사항 등을 교육 시켜
도청으로 보냈다

송백회 회원과 여성 노동자,
극단 광대의 여성 단원들로 하여금
전남 도청 취사반으로 일하게 하였다

도청 못지않게
신군부의 앳가심이었던
YWCA는 광주 민주화운동 중 활약이 컸다

광주우체국은 눈을 빼버리고 싶었다

오월,
오월 생각만 해도
아찔한
광주우체국은
눈을 빼버리고 싶었다

곤봉으로 두드려 패고 짓밟고
총검으로 찌르는 일들이
눈앞에서 일어나는 데도
말기지 못한 게
광주우체국은 부끄러웠다

보이는 대로
닥치는 대로
시민들에게 폭력을 휘두르는
계엄군들은
국민의 군대가 아니었다

신군부는
하수인인 계엄군이
신군부의 각본대로

광주를 주눅 들게 하면
광주가 고개를 처박을 거라 여겼다

한 수 더 떠
편의대로 하여금
유언비어를 날조하게 하여
광주를 무장 봉기하게 하여
폭도로 몰아세웠다

신군부가
무장한 광주를 진압한 공로로
정권을 탈취한 것을
뒤늦게 알고
광주우체국은 통탄해 마지않았다

오월,
오월 생각만 해도
아찔한
광주우체국은
눈을 빼버리고 싶었다

금남로 저명인사들은 우정이 돈독하다

금남로 저명인사들은 우정이 돈독하다

전남도청이
도청 앞 분수대가
상무대가
광주 YMCA가
광주 YWCA가
전일빌딩이
형제간보다
더 가깝게 지낸다

피를 나눈
형제간보다 더 가깝게 지내는 것은
5 · 18 민주화운동 중에
생사를 함께하여서다

전남도청이
계엄군에게 작살이 날 때
도청 앞 분수대도
상무대도
광주 YMCA도

광주 YWCA도
전일빌딩도
전남도청 못지않게 망가졌다

다들
5·18 역사의 산증인인
금남로 저명인사들은
사십 년이란 세월이 지난 뒤에도
그날의 기억들을
하나도 빠뜨리지 않고 기억하고 있다

서로 눈빛을 주고받는
금남로 저명인사들은 우정이 돈독할 수밖에 없다

구 전남도청이 조울증이 심하다

구 전남도청이 조울증이 심하다

어느 날은 고개를 푹 처박고
어느 날은 희희낙락하고
남들이 보기에
제 정신이 아닌 것처럼 보일 때가 있다

구 전남도청이 감정의 일교차가 심한 것은
불쾌한 추억이 이따금
구 전남도청을 붙들고 늘어져서다

총소리, 비명소리가 무성한
환청에 시달리다 보니
그러니까 5·18의 트라우마에서
벗어나지 못하다 보니
그리된 거다

다행히
도청 앞 분수대가
상무관이
전일빌딩이

광주 YMCA가
희로애락을 함께하니
걱정할 게 없다

조울증이 심한 구 전남도청이
5·18 동지들에게 부담을 주지 않으려
자기 자신을 스스로 치유하고 있다

* 광주 YWCA는 이사를 갔다.

남동성당은 광주민주화운동 수습대책위원이었다

남동성당은 광주민주화운동 수습대책위원이었다

재야인사 남동성당이 앞장서서
시민군들의
무기를 회수하여 반납하였기에
희생을 줄일 수 있었다 하면
이의를 제기할 이도 있을 것이다

시민군들로부터
무기를 회수함으로써
시민군들의 화력이 반감되었다며
그 따위 소리 말라며
면박을 주는 이들도 있을 수 있다

계엄군의 M16과 시민군의 M1, 카빈은
처음부터 게임이 되지 않는데
화력이 반감된 건 사실이지만
시민군들의 화력이 만만치 않으면
그를 진압하려는
계엄군들의 화력은 더 만만치 않아
양측의 희생은

눈덩이처럼 불어났을 것이다

하느님의 도구로 쓰이기를 바라는
남동성당이
간디처럼
비폭력시위를 원했기에
희생을 줄일 수 있었다

헬기 사격 목격자이기도 한
남동성당은
계엄군도
시민군도 모두가 다
언제나
평화가 함께하기를 바라고 바랬다

재야인사
남동성당은 광주민주화운동 수습대책위원이었다

광주 MBC 방송국도 하고 싶은 말이 많다

다시 태어난
광주 MBC 방송국도 하고 싶은 말이 많다

광주 MBC 방송국은 하고 싶은 말이 많아도
하지 않는 것이
지혜로운 일이라는 것을 알고 있다

광주 MBC 방송국이
무슨 말을 하고 싶어 하는가를
금남로가 다 알고 있다

무슨 말을 하고 싶어 하는가를
금남로가 다 알고 있는 것을
새삼스럽게 해
변명을 한다는 말을 들을 수 있다

구차한 변명 아닌
진솔한 변명이어도 하지 않는 게
더 현명한 일이라는 걸
광주 MBC 방송국이 깨달은 지 오래됐다

다시 태어난
광주 MBC 방송국이 금남로에게 진 빚을
하고 싶은 말을 하지 않음으로써
금남로에게 진 빚을 갚은 것이다

광천동 버스터미널의 지나간 미래는 대인동 버스터미널이다

광천동 버스터미널의 지나간 미래는
대인동 버스터미널이다

대인동 버스터미널이 겪은 일들을
광천동 버스터미널이 고스란히 간직하고
대인동 버스터미널의 정신을
광천동 버스터미널이 이어받았다

5·18 민주화운동 당시 동분서주한
대인동 버스터미널을 생각할 때마다
광천동 버스터미널은
가슴이 뿌듯하다

앞으로
5·18 민주화운동 같은 일이
다시는 일어나지 않겠지만
만에 하나 그런 일이 또 일어난다면
광천동 버스터미널이
대인동 시절 못지않게 활약을 할 것이다

몸만 광천동 버스터미널이지

정신은
대인동 버스터미널 그대로이다

대인동 버스터미널의 다가올 과거가
광천동버스터미널이다

광주교도소가 수오지심이 없을 리가 없다

광주교도소가 수오지심이 없을 리가 없다

광주교도소가
입이 열 개여도 할 말이 없을 거라고
모욕을 줘도
대꾸를 하지 않는다

괜히 입을 열었다간
잠시 광주교도소와 함께한 계엄군들이
저지른 만행을
눈감아줬다는 말을 들을 수 있다

지나가는 차량을 향한
계엄군의 집중 사격을 말리지 못한 데 대하여
책임을 물을 것이 뻔하기에
어떠한 비난도 묵묵히 참는다

광주교도소 본연의 임무를 수행하느라
계엄군의 만행을 저지할 수 없었다고
변명할 수도 있지만
입을 봉한다

분명한 것은
계엄군이 자신을 보호하기 위해서
자신과 함께한 게 아니라
노루목인 자신을 점령하여
광주를 고립화 시키려 하였다는 것을
광주교도소는 뒤늦게라도 알리고 싶어 한다

광주교도소가 시비지심이 없을 리가 없다

사직공원은 5월이 무거운 짐이다

누구는 오월이면
찔레꽃에 코를 박고
뻐꾹새 울음소리에 귀를 곤두세우는데
KBS 광주방송국이 둥지를 튼
사직공원은 5월이 무거운 짐이다

오월만 되면
자신의 품에서
전열을 재정비하던 시민군들이
불쑥불쑥 얼굴을 내미니
마음이 편치 않다

자신의 품을 떠난
시민군들의 생사에 대하여
궁금해 하지 않는다고 하면
그건 사직공원이 아니다

살아남아서
역사 앞에
당당하게 말할 수 있어야 하는데
자신의 품을 떠난

시민군들은 몇이나 살아남았는지

누구는 오월이면
수수꽃장다리에 눈이 멀고
뻐꾹새 울음소리에 귀를 곤두세우는데
KBS 광주방송국이 둥지를 튼
사직공원은 5월이 무거운 짐이다

505 보안부대는 죽일 놈이다

505 보안부대는 죽일 놈이다

내 생각도 내 생각이지만
민주화로 끈 떨어진
505 보안부대가 스스로 뱉은 말이
나는 죽일 놈이다
나는 죽일 놈이다였다

상부에서 시킨 대로 했을 뿐이다가 아니라
상부에서 시킨 것 이상으로 충성을 한
505 보안부대가
혼자 있을 때나
여럿 있을 때나 뱉는 말은
나는 죽일 놈이다였다

천인공노天人共怒란 말은
구타, 고문, 조작의 달인인
505 보안부대를 위하여
태어났다 해도 과언이 아니다

이제

알맹이는 달아나고
껍데기만 남은
505 보안부대가
자신의 과오를 이실직고하고 있다

505 보안부대는 짐승도 아니였다

아시아자동차가 5·18 민주화운동에 여러 몫을 하다

아시아자동차가
5·18 민주화운동에 여러 몫을 하였다

5월 21일
계엄군의 발포가 있은 뒤 태어난
시민군들에게
가장 크게 힘을 실어준 이가
아시아자동차이다

대형버스는 물론
전차까지 내주었는데
돌려받을 생각은
아예 하지 않고 내주었다

신군부가 물으면
내준 게 아니라
뺏겼다고 말하겠지만
그게 아니다

항간에
광주를 폭도로 몰기 위하여

편의대가 시민들을 부추겨
아시아자동차를 협박하여
전차를 탈취해 갔다는 이야기가
새로 대두擡頭하였다

신무기인 전차를 가지고 가는 것을
막지 않고
내버려둔 것은
광주를 무정부 상태로 만들기 위한
신군부의 작전이었다니

아시아자동차가
5·18 민주화운동에 큰 몫을 하였다는
처음 생각은 어폐가 있다

본인의 의사와 상관없이
신군부에 의해 기만당한
아시아자동차가
5·18 민주화운동에 여러 몫을 하였다는
어폐가 있어도
5·18 민주화운동에 기여한 건 사실이다

상무관은 궂은일을 도맡아하고 상무대는 악행을 도맡아하였다

5·18 민주화운동 중
상무관은 궂은일을 도맡아하고
상무대는 악행을 도맡아하였다

같은 성바지에
같은 상무 정신으로 무장하였음에도
시대를 잘못 만나
이리 다른 길을 걸은 걸 보면
삶은 부조리하다

군인정신이 투철한 상무대가
5·18 민주화운동 전에
광주에 공헌한 바가 컸는데
신군부 때문에 흠집을 남긴 것이다

명령에 살고
명령에 죽는
군인정신이 투철한 상무대가
하극상을 일으킨
신군부의 하수인이 된 것이다

장성으로 간 상무대는
아무 명령이나
다 따라서는 안 된다는 것을
뒤늦게 깨달았을 것이다

뒤늦게 깨달은 정도가 아니라
적당히 하는 척만 할 것을
곧이곧대로 한 것에 대하여
가슴을 치며 통탄해 마지못할 것이다

5·18 민주화운동 중
상무관은 궂은일을 도맡아하고
상무대는 악행을 도맡아하였다

광주택시들은 의식이 높다

광주택시들은
개인택시,
영업용택시
가릴 것 없이 의식이 높다

5·18 민주화운동 때
광주시민들이
계엄군에게 무참히 짓밟히는 걸 보고
광주택시들이 분연히 일어섰다

집단발포로
학살을 자행한
계엄군들이 물러나는 데
광주택시들이 큰 몫을 하였다

민주주의가
쉽게 얻어지는 게
아니라는 걸
광주택시들은 체득하였다

광주의 자존심을 살리는 데

공헌한

광주택시들은

의식이 높지 않을 수 없다

KBS 광주방송국이 참회의 눈물을 흘리다

다시 태어난
KBS 광주방송국이
5·18 민주화운동 40주년을 맞이하여
참회의 눈물을 흘린다

KBS 광주방송국 자신은 다시 태어났지만
5·18 민주화운동 때
목숨을 잃은 사람들은
다시 태어나지 못하니

광주의 참상을
제대로 보도하지 않은 책임을 물어
시민군들에게 작살이 난
KBS 광주방송국

저 참회의 눈물을
믿어야 할지
믿지 말아야 할지

다시 태어난
KBS 광주방송국이
제대로 보도하지 않은 데 대하여

할 말이 없는 건 아니다

KBS 광주방송국이
광주의 참상을
제대로 보도하지 않은 게 아니라
제대로 보도하지 못한 것이다

총칼 앞에
제대로 보도하지 못하였어도
변명을 하지 않는 것은
부질없는 일이라 생각되어서다

게다가 신군부의 하수인인 편의대에
광주시민들이 기만당하여
자신의 몸에 불을 질렀다는 것을 알고서는
광주시민에 대한 원망 같은 것은
아예 설 자리가 없어졌다

다시 태어난
KBS 광주방송국이
5·18 민주화운동 40주년을 맞이하여
참회의 눈물을 흘린다

광주세무서는 생각이 많다

5·18 민주화 운동 때
시민군에 의해 전소돼
다시 태어난
광주세무서는 생각이 많다

광주세무서는
왜 자신이 시민군들에 의하여
KBS 광주방송국,
MBC 광주방송국과 함께
싸잡아서 전소됐는지 알고 있다

KBS 광주방송국,
MBC 광주방송국은
제대로 보도하지 않았다 하여
전소되었지만
광주세무서는 직접적인 잘못도 없이
전소됐다는 것은
시민군들이 자신을 오독하여서라고 생각한다

한 마디로
평소 책임과 의무를 다한 것이

시민군들의 눈엣가시가 됐다고 생각한다

KBS 광주방송국,
MBC 광주방송국,
광주세무서 다시 낳으려면
누구의 주머니에서 돈이 나가야 한다는 걸
시민군들이 모른 게 아님에도 불구하고
그런 일이 벌어진 데 대하여
광주세무서는 자신을 돌아볼 때가 많다

하지만
신군부의 하수인인 편의대가
세무서를 불태우자고
시민들을 부추겼다는 생각이 들 때도 있다

5·18 민주화운동 때
시민군에 의해 전소돼
다시 태어난
광주세무서는 생각이 깊다

* KBS 광주방송국은 전소되지 않았다.

광주역이 '어안이 벙벙하다'와 함께한 적이 있다

광주역이 '어안이 벙벙하다'와 함께한 적이 있다

광주역이 '어안이 벙벙하다'와 함께한 적이 있다는 말에
'어안이 벙벙하다'와 함께해야 되겠느냐
'오열하다'와 함께해야지 하며
나보다 광주역을 오역하였다고 말할 수 있다,
혹자는

1980년 5월 20일 밤
계엄군이 총을 발사하여
시위대가 사망한 것을
광주역이 다 지켜보았다

그날 사망한,
리어카와 함께
도청 앞으로 간 두 사람의 시신이
도청 앞 시위대의 눈을 확 뒤집어 놓았다

눈이 뒤집힌 시위대에게
눈에 보이는 것이 없을 때
집단발포가 이루어졌다

리어카에 실려
도청 앞으로 간
한 마리 나비인 두 사람의 시신이
질풍이 되니
그 질풍을 잠재우려고 총을 난사한 것이다

1980년 5월 20일 밤
총기 사망자만 없었더라면
5·18 민주화운동은 양상이 달랐을 텐데
이따금 광주역이 혼잣말을 하는데
정말 그럴까

신군부가 정권 탈취를 위해
광주를 무정부 상태로 몰아
그걸 수습한 공로를
자기들에게 돌려 정권을 탈취한 것을
모르고 한 소리다

광주역이 '어안이 벙벙하다'와 함께할 때가 있다,
요즘도

전남도청이 청문회를 보고 분통을 터뜨리다

전남도청이
5·18 민주화운동에 대한
국회 청문회를 보고 분통을 터뜨리는데
저러다가 떨어질까 무섭다

발포명령을
누가 내렸느냐고 국회가 다그치면
신군부가 자위권만 내세우며
모르세로 일관하니
전남도청이 환장할 일이다

지휘관과 부하가 발포 명령 내렸냐고
자신의 면전에서 묻고 대답하는 것을
분명히 들었는데
다들 오리발 내미니
전남도청이 미치고 팔딱 뛸 지경이다

자위권만 내세울 게 아니라
시위대가 격렬하게 굴더라도
어른스럽게 대처할 일이지
이때다 하고

발사 명령을 내린 신군부가
시치미를 떼는 것을 지켜보는
전남도청의 마음이 오죽하겠는가

시위대가 격렬하게 굴다가도
그냥 내버려두면
제 풀에 꺾여 누그러질 텐데
이때다 하고 작살을 내다니

광주를 무장 봉기 시킨 뒤
폭도로 몰아
통신과 교통이 두절된 고립 무원한 광주를
평정한 공로로
정권을 찬탈할 계획을 세운
신군부의 각본을 나중에 안 것이다

5·18 민주화운동에 대한
국회 청문회를 보고 분통을 터뜨리는데
저러다가 사고 날까 무섭다

국립아시아문화전당은 전남도청의 다가올 과거이다

국립아시아문화전당은
5 · 18 민주화운동 때
결사 항전한
전남도청의 다가올 과거이다

국립아시아문화전당이
전남도청의 정신을
그대로 이어받았는지
그게 궁금하다

국립아시아문화전당이
전남도청의 정신을
그대로 이어받지 않았다면
존재할 이유가 없다

이 땅의 민주화의 반석이 된
전남도청의 정신을
아시아 모든 국가들에게 심어주기 위하여
국립아시아문화전당은 태어났다

아시아의

아시아에 의한
아시아를 위한
국립아시아문화전당은 전남도청의 정신을 이어받았다

국립아시아문화전당은
5·18 민주화운동 때
결사 항전한
전남도청의 다가올 과거이다

'임을 위한 행진곡'이 국립5.18민주묘지와 의기투합하였다

들불야학으로 동고동락한
박기순과 윤상원
두 사람의 영혼결혼식을 위하여 태어난
'임을 위한 행진곡'이
국립5.18민주묘지와 의기투합하였다

- 사랑도 명예도 이름도 남김없이
한평생 나가자던 뜨거운 맹세
동지는 간데없고 깃발만 나부껴
새날이 올 때까지 흔들리지 말자 *

누가
국립5.18민주묘지의
옆구리를 찔러 부르는 노래가 아니라
가슴에 새기고 새겨
국립5.18민주묘지와 이미 하나 되었다

- 세월은 흘러가도 산천은 안다
깨어나서 외치는 뜨거운 함성
앞서서 나가니 산 자여 따르라
앞서서 나가니 산 자여 따르라

5월의 피와 혼이 응축된
5·18 민주화운동 정신 그 자체**인
'임을 위한 행진곡'은
광주의 노래를 넘어
대한민국의 노래가 되었다

들불야학으로 동고동락한
박기순과 윤상원
두 사람의 영혼결혼식을 위하여 태어난
'임을 위한 행진곡'이
국립5.18민주묘지와 의기투합하였다

*   임을 위한 행진곡(황석영 작사, 김종률 작곡)에서 차용하였다,
** 문재인 대통령 기념사 중에서

전대병원, 적십자병원, 기독교병원이 광주 민주화운동의 산증인이다

전대병원,
적십자병원,
기독교병원이
광주 민주화운동의 산증인이다

곤봉이
군홧발이
총검이
집단발사가 낳은
사상자들을 챙기느라
다들 눈 코 뜰 새가 없었다

그 많은
다 죽어가는 목숨들을 위하여
헌혈하겠다고
줄을 선 광주 시민들의 모습이
전대병원,
적십자병원,
기독교병원은
지금도 눈에 선하다

혼연일체,
혼연일체란 말은
헌혈하겠다고 줄을 선
광주시민들과
전대병원,
적십자병원,
기독교병원 들을 위하여 생겨난 말이다

기독교병원,
적십자병원,
전대병원이
광주 민주화운동의 산증인이다

전대병원이 도청 독침사건이 자작극이라는 것을 밝혀냈다

5·18 민주화운동 내
손이 열 개라도 부족했던
전대병원이
도청 독침사건이 자작극이라는 것을 밝혀냈다

전대병원이
도청 독침사건이 자작극이라는 것을
밝혀내지 않았더라면
도청 독침사건이
북한군의 소행으로 받아들여졌을 것이다

도청 독침사건 자작극을 벌인 이는
신군부의 하수인인
편의대와는 거리가 먼 것 같은데
어느 경로의 프락치였을까

도청 독침사건 주범 장○○은
사동에 비밀아지트를 두고 활동을 한
홍○○ 대령과
내통했을 수도 있다는 추측이 무성하다

시민군에게 등을 돌린,
부친과 함께 505 부안부대를 찾은
도청 독침사건 주범 장○○이
자신이 수집한 정보로 특별대우를 받았다니

북한군의 소행이라고 받아들여지거나
미궁에 빠졌을지도 모를
도청 독침사건은
전대병원의 눈을 따돌리지 못한 것이다

5·18 민주화운동 내
손이 열 개라도 부족했던
전대병원이
도청 독침사건이 자작극이라는 것을 밝혀냈다

광주공항이 편의대를 목격하였다

광주공항이 편의대를 목격하였다

목격한 게 아니라
편의대에게 잠자리를 제공하였다

5 · 18 민주화운동 때
시민군들을 기만한 이들이
바로 편의대다

광수, 광수라니
그때 그 시간에
단 한 명의 광수도 끼어들 틈이 없었다

국회청문회에서
신군부가 발뺌하는 것을 보고
도청 못지않게
열 받은 이가 광주공항이다

미군정보요원인 김용장씨가
이실직고하기 전에는
도대체 그것들이

뭣하는 놈들이었나 생각하였다

뭣하는 놈들인지도 모르고
잠자리를 제공하였다

국회가 출두하라고 하면
광주공항은 출두할 의향이 있다

광주공항이 잠자리를 제공한 이들이
편의대였다,
나중에 알고 보니

광주국군통합병원 보일러실이 보안목표로 설정되었다

5·18 민주화운동 당시
은밀히 활약한
광주국군통합병원 보일러실이 보안목표로 설정되었다

방호시설로 보기 어려운
보일러실에
'보안목표'란 네 글자가 얼굴 내민
이유는 무엇일까

505 보안부대 수사관으로
비인륜적인 상부의 지시에 삐딱하게 굴다가
옷을 벗은 허장환씨는
광주국군통합병원이 보일러실에 급조한 소각장이
5·18 희생자들을 소각하여
계엄군의 만행을 은폐하는 데
공을 세웠다고 한다

뼈 파쇄기가 없어
광주국군통합병원 보일러실 소각장이
다 감당하지 못한 시체들을
계엄군들이

바다에 투기했을 거라 한다

광주국군통합병원 보일러실 소각장이 처분한
이름도 없이 사라진
억울한 죽음들을 발판 삼아
승전고를 울린
신군부를 단죄해야 할 이유가 여기에 있다

광주국군통합병원 보일러실 소각장이 은폐한
주검에 대한
씻김군은 푸닥거리가 아니라
진실을 밝히는 것이다

5·18 민주화운동 당시
은밀히 활약한
광주국군통합병원 보일러실이 보안목표로 설정되었다

구 광주국군통합병원이 고민이 깊다

구 광주국군통합병원이 고민이 깊다

구 광주국군통합병원 보일러실이
보안목표로 지정된 것이
들통이 나
변명의 여지가 없게 되었다

아니 땐 굴뚝에 연기 나랴가
구 광주국군통합병원 보일러실을 두고
한 말이 되었다

5 · 18 민주화운동 때 죽은 시신들을
은폐하는 도구로
구 광주국군통합병원 보일러실 소각장이
이용되었다는 것이다

이실직고해야 되느냐
이실직고하지 않고
모르세로 나가야 되느냐

증거를 들이대는 데도

나는 모르는 일이다
너무 오래된 일이어
기억이 안 난다로 일관해야 되느냐

신군부로부터 표창 받은 사연까지
들통이 난
구 광주국군통합병원이 고민이 깊지 않으면
누가 고민이 깊겠는가

구 광주국군통합병원이 고민이 많다

편의대는 신군부의 앞잡이이다

신군부가 광주를 희생양 삼는 데
앞잡이 노릇을 한 이가
편의대이다

앞잡이 노릇을 하고 싶어서
앞잡이 노릇을 한 게 아니라
조직의 명령에 따랐을 뿐이라고 하겠지만
앞잡이 노릇을 한 게 사실이다

유언비어 날포의 달인이
편의대이다

- 경상도 군인이
전라도 사람들 다 죽인다

- 무기고를 탈취하여
무장 봉기하자

- 방송국에 불을 지르자

- 세무서에 불을 지르자

선량한 광주를 부추겨
무장을 하게 하여
광주를 고립화시켰다

- 북한군이 침투하였다

신군부가 광주를 희생양 삼는 데
앞잡이 노릇을 한 이가
편의대이다

조대는 무등산의 화신化身이다

조대는 무등산의 화신이다

조대는
무등산의 꿈인
무등 세상을 실현하기 위하여
태어났다고 해도 과언이 아니다

봐라 봐,
몸도 마음도 다
무등산을 닮은
조대를

5·18 민주화 운동 때
조국의 민주화를 위하여
물불을 가리지 않고 헌신한
조대를

시대의 궂은일을 도맡아 한
문병란,
문순태,
김준태,

김종배,
김운기,
양희승,
조진태,
유소영을 낳은
조대를

조대는 무등산의 후예다

전대는 계엄군의 눈엣가시이다

전대는 계엄군의 눈엣가시였다

상아탑인 전대를 점령한 계엄군과
학교에 공부하러 들어가는
학생들의 시비가
투석전으로 발전한 것이다

그 투석전이
전남도청으로 진출하여
이 땅의 민주화의 시계를 되돌리려는
무리들과 맞선 것이다

학내에서
무슨 짓을 하든 내버려둘 일이지
전대를 점령한 계엄군이
전대의 주인인 학생들을
학교에 들어가지 못하게 하니
학생들이 가만히 있겠는가

명령에 살고
명령에 죽는,

권력을 쟁취하려는
신군부의 도구로 사용된
계엄군의 눈엣가시가 된 것이다,
전대가

이 땅의 민주화의 시계를 되돌리려는 것을
막으려는 전대를
맨 처음 계엄군이 짓밟은 것이다

전대만 계엄군의 눈엣가시였겠는가,
조대도 마찬가지다

뻐꾹새 울음소리가 재주가 좋다

뻐꾹새 울음소리가 재주가 좋다

팔백마흔아홉 개의 묘지를
동시에 찾아가
동시에 참배하는 것을 보면
기가 막히다

참배만 하는 게 아니라
팔백마흔아홉 개의 묘지의 사연들을
동시에 들어주는 걸 보면

뻐꾹새 울음소리를 말릴 수가 없다

팔백마흔아홉 개의 묘지를
참배하고
사연만 들어주는 게 아니라
망월동을 들어올렸다 내려놓았다 하는 것을 보면

망월동을 찾은
이팝나무 꽃향기에 코를 킁킁거리는
방문객들도
가만두지 않는 걸 보면

4부

무명열사의 묘

이름을 부르며
목 놓아 울고 싶은데
부를 이름이 없으니 답답할 것이다

부를 이름이 없어 답답하여도
해와 달, 별빛이
소홀히 한 적이 없다

부를 이름이 있고 없고는
인간의 일일뿐
하늘의 일이 아니다

이름이 있다 하여 신경 쓰고
이름이 없다 하여
소홀히 할 하늘이 아니다

꼭 이름을 불러야 하면
무명아, 무명아 부르며
목 놓아 울면 된다

망월동에서

여기 망월동의
무수한 주검들이 함께 누워
달을 바라보니
외롭지 않을 것이다는 오독이다

사연 많은
무수한 주검들이 함께하여
외롭지 않을 것 같아도
이보다 더 외로울 수가 없다

아무리 반반한 주검도
아무리 당당한 주검도
억울하면
외로울 수밖에 없다

억울한 주검은
억울함이 풀려야만
외로움에서 벗어나지
그 이외에는 벗어날 길이 없다

여기 망월동에 함께하고 있는

사연 많은
무수한 주검들은
억울함도 함께 풀려야 한다

저마다 광주 민주화운동의 초석이 된
무수한 주검들이
달을 함께 바라보니
외롭지 않을 것이다는 오독이다

광주는 '죽음의 행진'을 주도한 수습위원들을 죽어도 잊지 못한다

광주도청에서 물러나
광주 외곽을 봉쇄한 계엄군이
도청 진입작전을 펼치기 직전에
병력과 장비를 수송하기 위한
도로를 장악하기 위하여
탱크를 앞세우고 들어올 때
'죽음의 행진'을 주도한 수습위원들을
광주는 죽어도 잊지 못한다

- 우리들이 총알받이가 됩시다. 탱크가 있는 곳으로 걸어 갑시다. 광주시민들이 다 죽어 가는데 우리가 먼저 탱크 앞에 가서 죽읍시다.

이성학 장로,
홍남순 변호사,
김성용 신부,
이기홍 변호사,
조비오 신부,
이영생 YMCA 총무,
김천배 YMCA 이사,
윤영규 선생,

장사남 선생,
위인백 선생

총알받이를 불사한
수습위원들의 뒤를 따른
수백 명의 시민들

금남로,
돌고개의 도움을 받아
농촌진흥원 앞 전차 앞에
당당하게 선
수습위원들

누가
죽음이 두렵지 않겠는가

광주는 '죽음의 행진'을 주도한 수습위원들을
꿈에도 잊지 못한다

누가 전옥주, 차명숙, 박영순을 모르시나요

누가
전옥주란 여인과
차명숙이란 여인을 모르시나요

- 계엄군 아저씨, 당신들은 피도 눈물도 없습니까?
광주 시민 여러분, 여러분은
어떻게 편안하게 집에서 잠을 잘 수가 있습니까?
우리 동생, 형제들이 죽어가고 있습니다

5·18 민주화운동 때
가두방송을 하다가 간첩으로 몰려
31사단 보안대에게 갖은 고초를 당한
전옥주, 차명숙 두 여인을 모르시나요

누가
박영순이란 여인을 모르시나요

- 시민 여러분, 지금 계엄군이 쳐들어오고 있습니다.
사랑하는 광주시민 여러분! 우리 형제, 자매들이
계엄군의 총칼에 죽어가고 있습니다
우리 모두 일어나서 끝까지 싸웁시다.

우리는 광주를 사수할 것입니다.
우리를 잊지 말아 주십시오.
우리는 최후까지 싸울 것입니다.
시민 여러분, 계엄군이 쳐들어오고 있습니다.

1980년 5월 27일 새벽
시민군이 도청을 사수할 때
도청 옥상과 함께한
목소리의 주인을 모르시나요

---

* 홍금숙, 이재의, 이경희씨 등도 방송요원으로 활동하였다고 한다.

광주는 푸른 눈의 목격자들을 기억한다

사십 년이란 세월이 흘렀어도
광주는
푸른 눈의 목격자들을 기억하고 있다

광주의 참상을 세계에 알려
신군부의 눈 밖에 난
푸른 눈의 목격자들을 광주는 잊을 수가 없다

곤봉으로 두드려 맞고
총검에 찔리고
집단발사로 작살이 난
광주의 모습을 맨 먼저 알린
독일 제1공영방송 위르겐 힌츠 페터는
지금 망월동과 함께하고 있다

광주의 참상을 목숨을 걸고 취재하여
세계에 알린
광주와 동고동락한
더 볼티모어 선 브래들리 마틴,
저널 오브 커마그 팀 샤록,
아시아 월스트리트 노만 소프,

시카고 트리뷴 도날드 커크는
다들 은퇴할 나이가 지났다

끝까지
광주를 떠나지 않고
광주와 희로애락을 함께한
헌틀리 부부는
살아계시면 백발이 성성할 것이다

사십 년이란 세월이 흘렀어도
광주는
푸른 눈의 목격자들을 잊지 못 한다

광주가 전라남도 경찰국장 안병하의 명예를 되찾는 데 앞장서야 한다

5 · 18 민중항쟁 당시 시위대에 발포하라는
신군부의 명령을 거부했다가
신군부에 의해 삶을 송두리째 빼앗긴
안병하 전라남도 경찰국장의 명예를 되찾는 데
광주가 앞장서야 한다

6 · 25 동란 중 포병관측장교로
혁혁한 공을 세워 화랑무공훈장을 받은
안병하 전라남도 경찰국장의
지나간 미래마저
신군부에 의해 짓밟혀
결국 고문 후유증으로 병사하였다

경찰이 무장하고 도청을 접수하라는
이희성 계엄사령관의 지시에
시민들에게 총부리를 겨눌 수 없다고 맞선
안병하 전라남도 경찰국장의 위민정신은
우리 모두의 표상이다

광주를 구하기 위하여
신군부의 지시에 따르지 않은
안병하 전라남도 경찰국장의 어장 난 삶과

신군부에 부역하여
출세가도를 달린 이들의 삶을 생각하면
하늘의 도道란 참 이상하다

신군부는
명예는 잃었어도 여전히 호위호식하고
안병하 전라남도 경찰국장은
명예는 회복 중이나
이미 죽음을 맞이한
다가올 과거를
고문 이전으로 되돌릴 수가 없다

5·18 민중항쟁 당시 시위대에 발포하라는
신군부의 명령을 거부했다가
신군부에 의해 삶을 송두리째 빼앗긴
안병하 전라남도 경찰국장의 명예를 되찾는 데
광주가 앞장서야 한다

* 목포경찰서장 이준규도 신군부에 의해 고문당하고 직무유기로 파면되었다. 그분의 명예를 되찾는 데도 광주가 앞장서야 한다. 더불어 시민군의 버스 진입으로 순직한 함평경찰서 순경 정충길, 이세홍, 박기웅 경장 강정웅을 신군부의 명령에 따라 임무를 수행하다가 죽은 계엄군도 우리는 잊어서도 안 된다.

주먹밥이 광주 민주화운동에 큰 몫을 하다

주먹밥이
광주 민주화운동에 큰 몫을 하였다

불두화와 붕어빵인
주먹밥이 아니었다면
광주 민주화운동은 촉을 못 썼을 것이다

계엄군의 곤봉과 총칼 그리고 집단발사로
어장 난 광주가
다시 기운을 차리는 데
주먹밥이 큰 몫을 하였다

주먹밥,
주먹밥이
광주 민주화운동에 큰 몫을 한 것을
기록으로 남겨야 한다

뒤늦게라도
주먹밥에게
공로상을 수여해야 한다

주먹밥이
스스로 나설 수 없으니
우리가 나서야 한다

불두화와 붕어빵인
주먹밥이
광주 민주화운동에 큰 몫을 하였다

녹두서점이 이름값을 하다

사회의식이 높은
녹두서점을 낳은
김상윤이 사전 검거된 뒤에도
녹두서점이 이름값을 하였다

5·18 민주화운동 때
김상윤의 반신인 정현애,
그리고 김상윤의 아우인 김상집과 함께한
녹두서점이
민주인사들의 아지트가 돼 주었다

5·18 민주화운동 이전에는
윤한봉이 낳은
현대문화연구소와 의기투합한
녹두서점이
민주화운동의 소식을 주고받았다

동학혁명을 이끈
전봉준의 정신을 이어받은
녹두서점은
박기순의 들불야학과는

의형제나 다름없었다

사회의식이 높은
녹두서점을 낳은
김상윤이 사전 검거된 뒤에도
녹두서점이 이름값을 하였다

들불야학이 광주 민주화운동의 주역이다

녹두서점과 의형제인
들불야학이
광주 민주화운동의 주역 가운데 하나이다

들불야학이
광주 민주화운동의 주역 가운데 하나가 아니라
주역이다

  - 우리가 민족민주화 햇불성회를 하는 것은
이 나라 민주주의의 꽃을 피우는 것이요,
꺼지지 않는 햇불과 같이 우리 민족의 열정을
온 누리에 밝히자는 뜻입니다*

들불야학과 동고동락한
새벽기관차
전대학생회장 박관현의 목소리가
1980. 5. 16일 밤 도청 앞 분수대에서
쩌렁쩌렁 울려 퍼진 것을 기억한다

- 너희는 새벽이다 밝아오른다
너희는 새암이다 솟아오른다

심지에 불 댕기고 앞에 나서자
민주의 새아침이 바라보인다
땀과 눈물 삼켜 가면서 뛰어가자
친구! 사랑하는 친구! 친구! 들불이 되어**

들불야학 학당가로 하나가 된
시민군 대변인 윤상원,
시민군 기획실장 김영철,
시민군 홍보실장 박효순,
시민군 홍보담당 전용호도
들불야학과 희로애락을 함께하였다

광주 민주화운동 때
언론이 신군부의 나팔수로 전락하였을 때
국민의 눈과 귀가 되어준
투사회보를 제작 배포한
들불야학

녹두서점과 의형제인
들불야학은
광주 민주화운동의 주역이다

김남주

1979년 남민전 사건으로 투옥되지 않았더라면
광주 민주화운동이
그를 가만히 두었을까

사전검속으로
고문의 달인인
상무대에게 두드려 맞다가 대들어
작살이 났을까

투옥도
사전검속도 되지 않고
신출귀몰
경찰의 눈을 피해
광주를 빠져나와 어딘가에 잠적하였을까

투옥도
사전검속도
경찰의 눈을 피해
광주를 빠져나온 것도 아니라면
광주 민주화운동이 그를
가만히 둘 리가 없다

광주 민주화운동이
그에게 중책을 맡겼을 것이다

그에게
중책 중의 중책을 맡겨
함께한 이들의
운명이 달라졌을 것이다

마지막 수배자 윤한봉은 합수이다

민청학련사건으로
투옥된 이래
민주화운동으로 수차례 옥고를 치른
광주 민주화운동 마지막 수배자인
윤한봉은 합수였다

합수를 자처한 윤한봉은
척박한 한국의 민주주의를
비옥한 한국의 민주주의로 만드는 데
자신의 몸을 바쳤다

미국으로 밀항하여
민족학교,
재미한국청년연합,
재미한겨레동포연합,
반전·반핵을 위한 국제연대를 조직한
합수 윤한봉은
척박한 세계 평화를
비옥한 세계 평화로 만드는 데까지
자신의 영역을 넓혔다

귀국하여
5.18기념재단 설립을 주도하였으며
들불야학기념사업회장,
민족미래연구소장도 맡았지만
정작 본인의 피해 보상을 거부했다

농경사회였더라면
제대로 먹혀 들어갔을 합수 윤한봉은
모든 이들이 이익을 극대화하고자 하는
보이지 않는 손이 지배하는
신자본주의에서
잘 먹혀 들어가지 않았다

민청학련사건으로
수감된 이래
민주화운동으로 수차례 옥고를 치른
광주 민주화운동 마지막 수배자인
윤한봉은 합수였다

'죽음을 넘어 시대의 어둠을 넘어'는 천군만마이다

듬직한
'죽음을 넘어 시대의 어둠을 넘어'는
광주에게는
천군만마이다

'죽음을 넘어 시대의 어둠을 넘어'와
한 몸인 광주를
이제 다시는
누구도 오독하지 않을 것이다

'죽음을 넘어 시대의 어둠을 넘어'는
오월의 억울한 주검들을
기억하고자 하는 이들에 의해
어렵사리 태어났다

'죽음을 넘어 시대의 어둠을 넘어'는
그 많은 억울한 주검들이
징검돌이 되어
자신이 태어났기에 마음이 편치 않다

그해 오월 광주를

낱낱이 가슴에 새긴
'죽음을 넘어 시대의 어둠을 넘어'는
역사의 산증인이다

믿음직한
'죽음을 넘어 시대의 어둠을 넘어'는
광주에게는
천군만마이다

* 죽음을 넘어 시대의 어둠을 넘어: 5 · 18 민중항쟁 일지로 황석영, 이재의, 전용호가 기록하였다.

스물두 살 박기순*

박기순이
누구인지 말할 수 있는 이는 누구인가

박기순을
머리끝에서 발끝까지
속속들이 알고 있는 이는
'스물두 살 박기순'이다

박기순만이 아니라
박기순이 살았던 시대 상황까지
다 아는 이가
'스물두 살 박기순'이다

박기순의 짧은 생애 동안
박기순에게 자양분이 되었던 이들을
박기순이 자양분이 되어주었던 이들을
박기순과 자양분을 주고받았던 이들을
한 사람도 빠뜨리지 않고
다 아는 이가
'스물두 살 박기순'이다

남민전 김남주가
민청학련 윤한봉이
박기순 형제자매의 자취방에 죽친 것도
'스물두 살 박기순'이 털어놓지 않았으면
죽어도 몰랐을 것이다

인천시 만석동에 둥지를 튼
동일방직 노동자들의 투쟁을 알리는 전단을
김선출과 박기순이
전대 스쿨버스 좌석에 슬쩍 놓고 내리는 방식으로 배포한
  것을
'스물두 살 박기순'이 귀띔해 주었다

1978년 6월 28일
'우리의 교육지표' 사건이 있었다는 것도
'6·27 양심 교수 연행에 대한 전남대 민주학생 선언문'을
박몽구 시인이 썼다는 것도
'스물두 살 박기순'이 빠뜨리지 않았다

박기순이 낳은 들불야학과 동고동락한
시대의 아픔을

시대의 불의를 외면하지 않은
윤상원, 박용준, 박관현, 신영일, 김영철, 박효선, 전용호를
'스물두 살 박기순'이
놓칠 리가 없다

박기순과
박기순이 살았던 시대의 전모를
'스물두 살 박기순'이 다 들려준다

박기순이
누구인지 말할 수 있는 자는
'스물두 살 박기순'이다

* '스물두 살 박기순'*은 박기순과 전남여고 동창인 송경자자 지은 책이다. 일독을 권한다. 이 책은 박기순을 넘어 박기순이 살았던 시대상을 포착한 놀라운 책이다.

송선태 5·18진상규명조사위원장이 답이다

의젓한
송선태 5·18진상규명조사위원장이 답이다

눈빛을 봐라,
어물쩡 넘어갈 눈빛인가

목소리를 들어 봐라,
어물쩡 넘어갈 목소린가

눈빛에
목소리에
김남주가
윤한봉이
윤상원이
박관현이
함께하고 있다

늠름한
송선태 5·18진상규명조사위원장이 답이다

'오리발 참전기'*가 궂은일을 도맡아하다

'오리발 참전기'가 궂은일을 도맡아하였다

다행히
궂은일이 그냥 궂은일이 아니라
보람 있는 일이었다

들불야학 강학으로
광주 민주화운동 중에
시민들의 눈과 귀가 되어준
'투사회보'를 제작, 배포하였다 하여
투옥됐다

'임을 위한 행진곡'이 함께한
노래극 제작에 참여하고
광주민중문화연구회 등 지역문화운동을 펼쳤다

광주에게
천군만마인
'죽음을 넘어 시대의 어둠을 넘어'를 낳는 데
동참하였다

처음부터
보람 있는 일이라 생각해서
궂은일을 도맡아한 게 아니라
시대의 사명이라 생각했다

'오리발 참전기'가 궂은일을 도맡아하였다,
자발적으로

* 오리발 참전기: 전용호의 첫 소설집으로 5월 민주항쟁을 다루고 있다.

  광주의 5월을 다룬 책으로 윤재걸의 『작전명령(화려한휴가)』 김준태의 『나는 하느님을 보았다』 황지우의 『오월의 신부』 임철우의 『봄날』 그리고 임동확의 『매장시편』을 빠뜨릴 수가 없다.

미군 정보요원 김용장과 보안부대 요원 허장환이 이실직고하다

광주 민주화운동 중에 일어난 일들을
DIA에 보고한
미군 정보요원 김용장과
신군부 충견 보안부대 요원 허장환이
이실직고하였다

5·18 과잉진압이
신군부의 계획된 시나리오였다는
두 사람의 증언은
5·18 민주화운동의
진실을 밝히는 데 큰 몫을 하였다

501 미군 정보요원 김용장이
무슨 일을 하였든
그분의 과거의 행동에 대하여
죄를 물을 수는 없다

505 보안부대 요원 허장환이
과오를 저질렀음에도
목숨을 걸고
5·18에 대하여

이실직고한 것만으로도
그 용기를 높이 살만하다

505 보안부대 요원 허장환이 아니었다면
묻히었을
광주 통합병원 보일러실 소각장의
시신 소각 하나만으로도
진실을 밝히는 데 크게 기여하였다

광주 민주화운동 중에 일어난 일들을
DIA*에 보고한
501 미군 정보요원 김용장과
신군부 충견 505 보안부대 요원 허장환이
이실직고하였다

* DIA: 미 국방정보국

사의재 시인선 63

광주

1판 1쇄 인쇄일 | 2020년 4월 1일
1판 1쇄 발행일 | 2020년 4월 6일

지은이　김재석
펴낸이　신정희
펴낸곳　사의재
출판등록　2015년 11월 9일 제2015-000011호
주소　전라남도 목포시 용당로 331번길 88, 202동 202호
전화　010-2108-6562
이메일　dambak7@hanmail.net
ⓒ 김재석, 2020

ISBN 979-11-88819-58-4 03810

지은이와 출판사의 동의 없이 이 책의 내용 중 전체 또는 일부를 인용하거나 발췌하는 것을 금합니다.

사진 자료는 5·18기념재단으로부터 지원 받았습니다..

값 10,000원

　이 도서의 국립중앙도서관 출판예정도서목록(CIP)은 서지정보유통지원시스템 홈페이지(http://seoji.nl.go.kr)와 국가자료종합목록 구축시스템(http://kolis-net.nl.go.kr)에서 이용하실 수 있습니다. (CIP제어번호 : CIP2020008962)